# Gérer le rendement au quotidien

## Pratiques de supervision

JEAN-PIERRE LANTHIER

**Déjà parus** aux Publications CFC

- *Mobiliser son équipe* par
  Martin Forest, 1992
- *La relation de supervision* par
  Pierre Jetté et Richard Desbiens, 1992
- *Partager un projet d'entreprise* par
  Martin Forest, 1993
- *Préparer un changement* par
  Claude Ouellet, 1993
- *Les relations clients-fournisseurs* par
  Serge Baron et Richard Desbiens, 1994

**Données de catalogage avant publication (Canada)**
Lanthier, Jean-Pierre 1945-
  Gérer le rendement au quotidien : pratiques de supervision
  (Guide pratique de management)
  ISBN 2-9803203-5-8
  1. Personnel – Supervision.   2. Rendement.
3. Personnel – Évaluation.   4. Communication en gestion.
I. Titre.   II. Collection.
HF5549.12.L36 1994        658.3'02        C94-940733-X

Nous désirons remercier Mme Claudette Lanthier, responsable de département chez Provigo, M. François Jolicœur, directeur général des Ateliers LAGO inc. et de CAPEQ inc., Mme Hélène Chagnon, conseillère en gestion des ressources humaines à la direction des services gouvernementaux, Conseil du trésor du gouvernement du Québec, pour la relecture du texte initial et les commentaires pertinents qu'ils ont eu l'amabilité de nous communiquer.

La collection GUIDE PRATIQUE DE MANAGEMENT est dirigée par Suzanne Dion et Laurent Chartier.

Les guides rassemblent l'expertise issue de la pratique des conseillers et conseillères du Groupe CFC, firme spécialisée en management, ressources humaines et gestion de la qualité.

**Les Publications CFC**

**MONTRÉAL**
300, rue Léo-Pariseau
Bureau 800
Montréal (Québec) H2W 2P4
Téléphone : (514) 286-8212
Télécopieur : (514) 286-1500

**QUÉBEC**
897, chemin Sainte-Foy
Québec (Québec) G1S 2K7
Téléphone : (418) 687-3737
Télécopieur : (418) 687-3740

**Courrier électronique :** publications@groupecfc.qc.ca

Traitement de texte : Marie Boucher
Révision linguistique : Louise Malette
Graphisme : Ginette Loranger
Illustrations : Ginette Loranger
Page couverture : Ginette Loranger
Imprimerie : Quebecor Graphique Couleur

Dépôt légal – 1994
Bibliothèque nationale du Québec
Bibliothèque nationale du Canada

# Table des matières

# Avant-propos

Gérer le rendement de votre équipe au quotidien, voilà ce que nous voulons vous aider à réaliser en vous présentant cet ouvrage. Il contient des outils concrets, des actions précises, à l'intention des superviseurs d'équipes de travail.

Nous utilisons le terme «superviseur» pour identifier tous les gestionnaires qui remplissent dans leur organisation, des fonctions de chef d'équipe, de coordonnateur, de chef de section, de contremaître, de chef de division, de gérant de département, et même... de superviseur! D'abord mis au point pour les gestionnaires de premier niveau, nos outils peuvent aussi être utiles aux gestionnaires de haut niveau, directeurs généraux, vice-présidents et présidents.

Notre technologie, le modelage de comportement, a des fondements solides sur les plans théorique et pratique. En effet, elle a été mise au point comme méthode de formation en industrie par Sorcher et Goldstein, au début des années 1970. C'est en s'appuyant sur des théories telles que l'apprentissage social, le behaviorisme et la perception de soi, qu'on a développé un programme efficace centré sur les besoins des superviseurs et qui respecte le processus d'apprentissage d'un adulte. Des expériences menées chez AT&T (American Telephone & Telegraph), chez General Electric, puis chez IBM, ont démontré la supériorité de cette méthode de formation.

Les comportements proposés dans le présent ouvrage sont des façons de faire qui ont d'abord été perçues chez des gestionnaires efficaces. En ce sens, ce guide constitue un véritable coffre à outils d'experts. L'utilisation de ces outils exige certes de la détermination, mais ils amélioreront à coup sûr et de façon sensible, l'efficacité de la supervision. Ces outils ont été éprouvés dans une grande variété d'environnements organisationnels : entreprises de service, usines de transformation, hôpitaux, ministères, services municipaux, auprès de cols blancs, cols bleus, techniciens, professionnels, etc.

Dans cette période de grande turbulence sociale et économique, les gens travaillent toujours pour subvenir à leurs besoins économiques. Mais au-delà de la survie économique, le travail offre des réponses potentielles à plusieurs autres besoins. Nous pouvons spontanément penser aux besoins sociaux que l'équipe de travail, dans une organisation, peut combler dans cette période où se vit beaucoup d'isolement. Le travail constitue aussi le lieu privilégié pour développer nos compétences. Bref le travail est l'une des sources les plus importantes de l'estime de soi. Dans ce contexte, la supervision peut être déterminante pour les employés. Les outils présentés dans ce guide visent à améliorer le rendement et à soutenir la croissance personnelle tant des personnes supervisées que de celles qui supervisent.

JEAN-PIERRE LANTHIER

# 1. Le rôle du superviseur et les principes de communication interpersonnelle

Le superviseur est responsable de l'exécution harmonieuse et efficace du travail par son équipe.

Ce rôle est essentiel au bon fonctionnement de toute organisation, car c'est le superviseur qui relie ses employés aux autres secteurs de l'organisation.

Pour réussir, le superviseur doit maîtriser quatre champs de compétence :
- technique,
- réglementaire et légale,
- administrative,
- interpersonnelle.

Si les trois premières zones font souvent l'objet de formation, la dernière est tenue pour acquise. Or, cette zone représente 90 % du temps de travail d'un superviseur et c'est dans cette sphère que se distinguent les superviseurs les plus efficaces.

# Le rôle du superviseur : un mobilisateur

Pour faire exécuter le travail, le superviseur doit mobiliser son équipe. Il possède habituellement peu de contrôle sur les facteurs matériels de mobilisation tels que le salaire, les vacances, les avantages sociaux. En revanche, il peut exercer un leadership efficace en faisant un usage approprié des facteurs psychologiques de mobilisation à sa portée : responsabilisation, valorisation, développement d'un climat de confiance, etc. Toute chose qui repose sur une saine communication.

Les modes d'action pour mettre en place les facteurs de mobilisation changent avec l'accroissement de la complexité des organisations. Certains phénomènes comme l'arrivée des femmes dans toutes les sphères d'activité, les équipes de travail multiethniques, l'insécurité économique, la scolarisation plus grande des travailleurs, de nouveaux rapports avec l'autorité, le nombre grandissant de superviseurs plus jeunes que les membres de leur équipe, autant de phénomènes qui exigent de la part des superviseurs, de nouveaux modes d'intervention. À tous les niveaux, les employés assument davantage de responsabilités. Le rôle des superviseurs s'en trouve élargi. Ces derniers doivent donc être bien outillés afin de maintenir leur crédibilité. Ils doivent être efficaces auprès de gens relativement autonomes qui ont tout de même besoin d'être supervisés.

Le défi est de taille! Les modèles enseignés par leurs parents, leurs professeurs et leurs propres superviseurs sont souvent inadéquats. Afin d'obtenir la collaboration et l'engagement des autres, les superviseurs d'aujourd'hui s'attendent à ce que chacun soit entièrement responsable de ses actes. Dans ce contexte, les modèles traditionnels de supervision du travail tels que donner des ordres, imposer des sanctions, sont devenus quasi inefficaces. Ces méthodes ne sont appropriées que dans certaines circonstances très spéciales.

Trois principes de communication interpersonnelle caractérisent les interventions efficaces des superviseurs. Ces principes sont adaptés aux situations de travail modernes. Il s'agit des trois «E».

## ESTIME DE SOI

L'emploi du premier principe, *l'estime de soi,* est très important. En préservant ou en accroissant l'estime de soi d'un employé ou d'une employée, le superviseur instaure un climat de confiance et de respect mutuel propice à la collaboration. Savoir apprécier les qualités d'un individu et le lui exprimer, est le premier moyen d'éviter qu'un climat défensif ne s'installe. Ainsi abordé, l'employé se sentira valorisé par son superviseur, lequel est, la plupart du temps, une personne très significative pour lui. L'employé sera plus enclin à accepter de corriger certaines lacunes. Toutefois, méfiez-vous des compliments forcés, des observations fausses ou trop générales : ils ne vous seront pas utiles. Pour être efficaces, vos propos doivent être précis et sincères...

## ÉCOUTE COMPRÉHENSIVE

Le second principe découle du premier. Reconnaître la valeur d'un employé, c'est admettre que ce qu'il a à dire est important et qu'il vaut la peine d'être écouté vraiment. Votre interlocuteur ou votre interlocutrice doit savoir que vous avez compris exactement la teneur de ses propos et que vous êtes intéressé à les entendre, qu'ils soient rationnels ou émotifs. *Comprendre* ne signifie pas nécessairement *approuver*. Cependant, un employé écouté et compris sera plus enclin à collaborer.

## ENGAGEMENT DANS L'ACTION

L'employé doit être associé à la résolution des problèmes dans lesquels il est impliqué. Le superviseur a intérêt à rechercher *l'engagement* de l'employé *dans l'action*. C'est l'employé qui effectue le travail, et, dans la plupart des cas, il le connaît bien. Tirer parti de ses connaissances pratiques évite de se mettre la personne à dos et contribue à obtenir son engagement dans la résolution du problème. Progressivement, la confiance que vous manifestez à l'employé, en l'associant à la décision, développera son sens des responsabilités et contribuera à lui donner plus de pouvoir sur ses activités de travail.

Dans toute situation, satisfaisante ou problématique, l'application de ces principes peut vous être profitable! Ce sont de véritables guides sur les chemins parfois complexes des relations interpersonnelles. En les utilisant, vous créerez un bon climat de travail pour tous. Vous pourrez corriger sans tout détruire et vos interventions seront plus efficaces et se solderont par un meilleur rendement.

# Quels sont vos comportements de supervision?

En réfléchissant honnêtement à votre façon habituelle de réagir face à vos employés dans le quotidien, lisez chaque énoncé et indiquez votre réponse dans la colonne appropriée ( ✓ ).

En cas de doute, indiquez la réponse qui vous semble **la plus représentative** de votre comportement habituel.

| | VRAI | FAUX |
|---|---|---|
| 1. J'aborde rapidement un employé qui ne respecte pas une échéance dans l'exécution d'une tâche. | | |
| 2. J'hésite à demander à un employé ses suggestions pour corriger un problème relatif à l'application d'une procédure touchant la santé-sécurité au travail. | | |
| 3. Quand mon employé justifie une erreur, je prépare mes arguments mentalement afin de mieux le convaincre. | | |
| 4. Je donne plusieurs chances à un employé qui arrive souvent en retard, s'il me donne, par ailleurs, un bon rendement. | | |
| 5. Je souligne un élément positif du comportement d'un employé au sein de l'équipe, même si je dois lui rappeler que le respect des standards de qualité fait souvent défaut chez lui. | | |
| 6. Je fixe une rencontre de suivi à un employé que je rencontre pour la première fois relativement à un problème de rendement. | | |
| 7. Je pique une bonne colère si, après trois rappels, je n'obtiens pas de mon employé qu'il fasse ce que je lui ai demandé. | | |
| 8. Je ne recours jamais à un avis disciplinaire pour régler un problème avec un employé. C'est contre mes principes parce que ça ne donne jamais de résultats positifs. | | |

9. J'écoute les arguments et les idées de mon employé en autant qu'il se montre, lui aussi, réceptif à mes points de vue.

10. Je félicite quiconque dans mon équipe le mérite, même celui avec qui j'ai eu une prise de bec.

11. Je donne du soutien à mes employés et leur communique même mes suggestions sur la façon de procéder, plutôt que de perdre du temps à leur demander leurs suggestions à eux.

12. Je remercie fréquemment mes employés pour leur bon travail.

13. S'il survient un conflit de personnalité entre deux employés, je les laisse régler ce différend entre eux.

14. S'il me donne un très bon rendement, j'évite d'aborder un employé au sujet d'une habitude de travail désagréable.

15. Lorsqu'un employé s'absente sans prévenir, je sévis à la première offense.

16. Je crois à l'efficacité de donner en exemple un employé qui a déjà reçu un avis disciplinaire, pour faire réaliser à quelqu'un que ses agissements peuvent avoir des conséquences fâcheuses.

17. Je rencontre immédiatement mes employés qui se présentent en retard sans prévenir plus d'une fois à l'intérieur d'une période de deux semaines.

18. Quand je discute avec un employé qui se montre régulièrement négatif au cours de nos réunions d'équipe, je prends soin de lui citer plusieurs incidents précis pour qu'il se reconnaisse vraiment dans le portrait de lui que je dépeins.

19. Malgré des efforts soutenus et beaucoup de bonne volonté et en dépit d'un entretien préalable avec lui, je vais donner un avis oral à un employé qui ne respecte pas une consigne de sécurité.

| | VRAI | FAUX |
|---|---|---|

20. Quand un employé justifie son taux d'erreurs accru des dernières semaines par des préoccupations d'ordre personnel, je m'efforce de lui démontrer que j'avais noté son inquiétude depuis un certain temps.

21. Si un employé commet des erreurs de précision, à répétition, dans l'exécution d'une tâche, je m'arrange pour qu'il le sache en faisant des blagues à ce sujet devant les autres employés, à la pause-café.

22. Quand je rencontre un employé pour le féliciter d'avoir corrigé un problème, j'en profite pour lui décrire les effets positifs de cette amélioration sur les autres membres de l'équipe et sur mon propre travail.

23. J'explique de façon très précise à quelle mesure disciplinaire mon employé s'expose s'il ne corrige pas la situation.

24. Après avoir souligné la nette amélioration du rendement de mon employé en regard du respect des échéances, j'en profite pour lui glisser un petit mot sur ses pauses qu'il à tendance à prolonger de 5 à 8 minutes.

25. Si je dois rencontrer un employé pour lui signifier une suspension d'une journée comme deuxième mesure disciplinaire pour non-respect des normes de sécurité, je prends soin à la fin de la rencontre de lui témoigner ma confiance.

## Grille de correction

Additionnez le nombre de **VRAI** aux questions :

1 – 5 – 6 – 10 – 12 – 17 – 18 – 19 – 20 – 22 – 23 – 25 –       Sous-total _____

Puis, additionnez le nombre de **FAUX** aux questions :

2 – 3 – 4 – 7 – 8 – 9 – 11 – 13 – 14 – 15 – 16 – 21 – 24 –       Sous-total _____

**TOTAL** _____

## Interprétation des résultats

- **Plus de 22 points :** Vous êtes un **excellent superviseur.**

  Très centré sur les résultats, vous maîtrisez l'art de mobiliser votre personnel. Vos patrons et vos employés vous adorent. Nous aimerions vous connaître.

- **18 à 21 points :** Vous êtes un **superviseur efficace.**

  Vous réussissez la plupart de vos interventions. Certaines situations se règlent moins bien, mais vos compétences de base vous permettent, en général, d'éviter que les choses ne se dégradent. La lecture de ce guide peut vous aider à accroître votre efficacité.

- **14 à 17 points :** Vous êtes efficace à l'occasion mais **vous manquez de constance.**

  Certaines situations sont aisées à résoudre pour vous. En revanche, vous vous laissez, soit emporter par vos émotions ou par votre ancien style et, dans ces cas-là, les résultats sont souvent moins que satisfaisants. La lecture de ce guide peut vous être d'une grande utilité.

- **Moins de 14 points :** Vous savez maintenant que **vous devez améliorer vos pratiques de supervision.** Si vous voulez continuer à remplir le rôle de superviseur, la lecture de ce guide vous aidera énormément. Vous y trouverez des outils pour être plus performant et des moyens de remplir vos obligations avec une plus grande satisfaction.

# Quelques comportements efficaces

## Pour soutenir l'estime de soi

- Donner de la rétroaction (*feed-back*) positive et spécifique, c'est-à-dire :
  - souligner de façon précise une tâche bien exécutée;
  - démontrer les effets positifs sur l'équipe d'un travail bien exécuté;
  - décrire une situation problématique avec des faits précis;
  - décrire la mauvaise habitude de travail en se référant uniquement aux faits observables sans passer de jugement de valeur.
- Faire confiance à l'employé en lui confiant des mandats importants.
- Être sincère.

## Pour écouter de façon compréhensive

- Écouter les explications de l'employé sans interrompre.
- Maintenir un contact visuel de qualité pendant que l'employé s'exprime.
- Reformuler les propos de l'employé en les résumant afin qu'il se sente compris.
- Communiquer à l'employé que l'on a perçu ses préoccupations et ses sentiments.
- Garder le silence après une première réponse de l'employé pour l'inviter à poursuivre.

## Pour favoriser l'engagement dans l'action

- Demander ouvertement l'aide de l'employé pour résoudre le problème.
- Poser des questions ouvertes sur la nature du problème pour obtenir le point de vue de l'employé.
- Demander à l'employé des suggestions de solutions.
- Retenir les suggestions de l'employé dans un plan d'action.
- Solliciter l'engagement de l'employé à mettre en action les solutions retenues.

# Types de *feed-back* et effets sur l'estime de soi

| | |
|---|---|
| *FEED-BACK* **NÉGATIF ET SPÉCIFIQUE**<br><br><br>Préserve l'estime de soi | *FEED-BACK* **POSITIF ET SPÉCIFIQUE**<br><br><br>Préserve et accroît l'estime de soi |
| *FEED-BACK* **NÉGATIF ET GÉNÉRAL**<br><br><br>Détruit l'estime de soi | *FEED-BACK* **POSITIF ET GÉNÉRAL**<br><br><br>Éveille la méfiance et diminue l'estime de soi |

**DEGRÉ DE SPÉCIFICITÉ DES *FEED-BACK*** : + / −

**VALEUR DES *FEED-BACK*** : − / +

# L'envers de la médaille

Tout superviseur d'expérience peut se rendre compte de la véracité du vieil adage : «On ne peut pas donner ce qu'on n'a pas». Aussi, en regard de ces principes de communication interpersonnelle, il est bon de réaliser qu'il faut les appliquer à soi-même, si on veut être capable de les mettre en pratique avec les autres.

Il est important pour un superviseur de faire régulièrement un bilan de ses bons coups et de s'en attribuer le juste crédit. Cette pratique développera l'estime de soi. Il est bon de solliciter régulièrement du *feed-back* spécifique de votre supérieur immédiat.

Il est important pour un superviseur d'être attentif à sa propre expérience, à sa propre intuition, comme à ses signes de tension ou de fatigue. Prendre le temps de ressentir, d'écouter son corps et son cœur, accueillir sans se braquer les commentaires des gens qui nous entourent; voilà quelques moyens de pratiquer envers soi, l'écoute compréhensive.

Il est important pour un superviseur de demander de l'aide à son supérieur immédiat ou à d'autres personnes autour de lui et d'accepter les appuis dont il a besoin. Il s'agit alors d'obtenir l'engagement des autres pour mieux assumer le rôle parfois difficile de superviseur.

Souvent, quand une communication se déroule mal avec un interlocuteur, nous avons tendance à en attribuer la faute à telle ou telle circonstance ou, plus souvent, à telle ou telle caractéristique chez l'autre personne. La sagesse en matière de communication humaine nous enseigne que même si une communication compte toujours au moins deux personnes, le meilleur moyen de la réussir est de se sentir responsable à 100 % du résultat de la communication.

# Le processus de gestion du rendement au quotidien

Mais, direz-vous, même s'il faut plus d'habiletés de communication pour réussir aujourd'hui comme superviseur, l'essentiel n'est-il pas que le travail se fasse, que la production continue? L'important n'est-il pas que la plus grande qualité soit atteinte du premier coup, que le client soit satisfait?

Nous sommes entièrement d'accord avec ce type de préoccupations. Nous sommes même convaincus que les meilleures communications seront réalisées dans la poursuite enthousiaste d'objectifs de travail significatifs et partagés par l'employé et par le superviseur. Comme le démontre le schéma de la page ci-contre, vous êtes responsable, comme superviseur, de la gestion du rendement de votre unité de travail. Votre rôle consiste à planifier le travail de votre équipe en établissant des objectifs ou en fixant des normes de travail. Vous définissez ensuite un plan d'organisation dans lequel vous fixez, en collaboration avec vos employés, leurs objectifs ainsi que les normes qui s'appliquent à eux.

Dans cette phase d'organisation, vous communiquez clairement vos attentes par rapport à la contribution de chacun de vos employés. Que ce soit à travers le «contrat de base», la «planification annuelle des objectifs», les «instructions» à la tâche, l'affectation et la répartition des tâches ou la délégation du travail, vous devez vous assurer que le projet d'équipe est défini et que la contribution de chacun à ce projet est claire pour tous.

Puis, on assiste à la mise en œuvre des actions et des plans d'actions projetées. Pendant cette phase, vous devez également exercer un contrôle. Vous avez la responsabilité de vous assurer, par un processus d'analyse des écarts, dans quelle mesure les objectifs et les normes fixés sont toujours valides et atteints. Ici, trois types d'écart peuvent surgir : un écart positif (le rendement est supérieur à l'objectif ou à la norme fixés) ou nul (le rendement correspond à l'objectif ou à la norme fixés); un écart de rendement (l'objectif ou la norme ne sont pas rencontrés); enfin, un écart de comportement (que ce soit par rapport à une norme fixée ou par rapport à une norme sociale, largement partagée dans l'entreprise).

# Processus de gestion du rendement

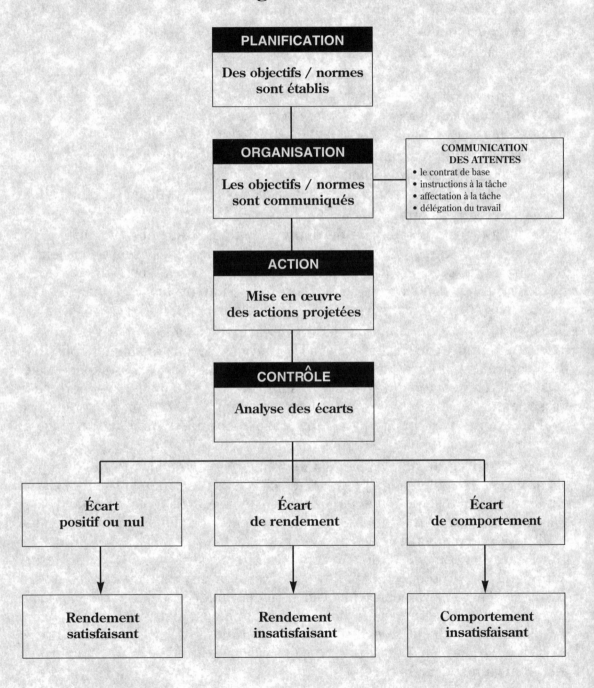

**PLANIFICATION**

Des objectifs / normes
sont établis

**ORGANISATION**

Les objectifs / normes
sont communiqués

**COMMUNICATION
DES ATTENTES**
- le contrat de base
- instructions à la tâche
- affectation à la tâche
- délégation du travail

**ACTION**

Mise en œuvre
des actions projetées

**CONTRÔLE**

Analyse des écarts

Écart
positif ou nul

Écart
de rendement

Écart
de comportement

Rendement
satisfaisant

Rendement
insatisfaisant

Comportement
insatisfaisant

Dans le schéma de la page ci-contre, ces trois types d'écart se traduisent par trois grands types de situation que vit quotidiennement tout superviseur :

- un rendement ou un comportement satisfaisant;
- un rendement insatisfaisant;
- un comportement insatisfaisant.

Ce schéma illustre le fait que chacune de ces situations, lorsqu'elle est observée, doit déclencher une action spécifique de la part du superviseur qui aboutit à une rencontre où il peut manifester de la reconnaissance à son employé.

Dans la première situation, le superviseur observe un **rendement** ou un **comportement très satisfaisant.** Il enclenche, alors, une intervention auprès de son employé afin de **reconnaître** son mérite pour le résultat atteint et l'effort consenti pour l'atteindre.

Dans la deuxième situation de départ, le superviseur observe un **rendement insatisfaisant.** Face à ce type de situation, le superviseur intervient le plus rapidement possible. Il rencontre son employé et, en association avec lui, il «résout l'écart de rendement». Après la résolution du problème, il manifeste de la reconnaissance à l'employé pour sa collaboration.

Dans la troisième situation, le superviseur observe un **comportement insatisfaisant.** Ici encore, le superviseur intervient le plus rapidement possible. Il rencontre l'employé et, même s'il s'agit d'une situation un peu plus délicate, puisque le comportement même de l'employé est en cause, le superviseur s'associe avec celui-ci et cherche son engagement dans l'action pour réussir à modifier la mauvaise habitude de travail. La **reconnaissance** suit le changement de comportement.

Il peut arriver aussi, à la suite d'une première discussion, au sujet d'un problème de rendement ou d'un problème de comportement, que le superviseur se rende compte que le rendement ou le comportement de l'employé n'a fait l'objet d'aucune amélioration. De nouveau, il s'entretient avec son employé en rencontre de **suivi.** Cette fois, il ne se contente pas seulement de répéter ses propos de la première rencontre, mais il «repositionne le problème avec fermeté». Autrement dit, il précise à l'employé les mesures disciplinaires auxquelles il s'expose s'il n'y a pas amélioration. Cela afin de souligner le sérieux et la gravité de la situation. Le superviseur, tout en jouant franc jeu dans ce type de rencontre, exprime clairement sa confiance en la capacité de l'employé à résoudre le problème. Le problème se règle? Le superviseur exprime alors à l'employé sa **reconnaissance** pour sa collaboration.

# Processus de gestion du rendement au quotidien

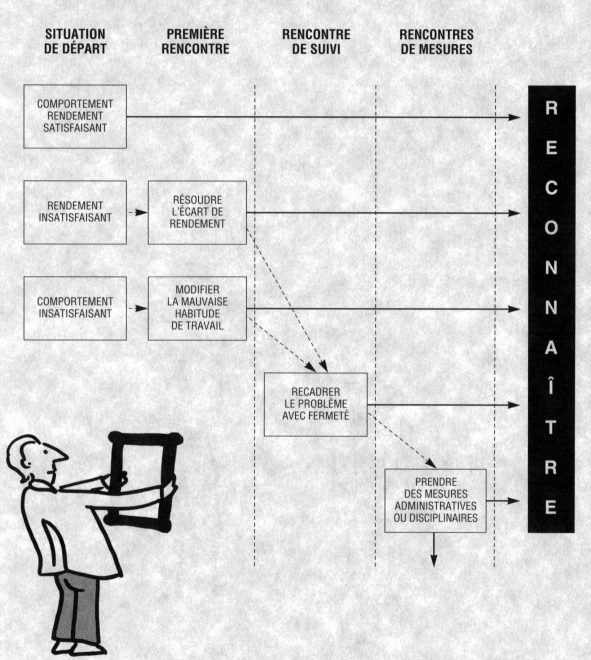

| SITUATION DE DÉPART | PREMIÈRE RENCONTRE | RENCONTRE DE SUIVI | RENCONTRES DE MESURES |
|---|---|---|---|

COMPORTEMENT RENDEMENT SATISFAISANT

RENDEMENT INSATISFAISANT

RÉSOUDRE L'ÉCART DE RENDEMENT

COMPORTEMENT INSATISFAISANT

MODIFIER LA MAUVAISE HABITUDE DE TRAVAIL

RECADRER LE PROBLÈME AVEC FERMETÉ

PRENDRE DES MESURES ADMINISTRATIVES OU DISCIPLINAIRES

RECONNAÎTRE

Enfin, si, à la suite d'une rencontre de suivi où il a pris soin de resituer le problème avec fermeté, le superviseur réalise que la situation ne s'est toujours pas améliorée, il s'entretient avec son employé afin de lui communiquer la **mesure administrative** ou **disciplinaire** qu'il compte prendre. Ici, le superviseur doit nettement démontrer le double objectif qu'il poursuit : donner la mesure administrative ou disciplinaire et corriger le problème dans l'intérêt de tous.

Il est possible que le superviseur doive prendre successivement plusieurs mesures disciplinaires dont le degré de sévérité sera de plus en plus élevé, le congédiement étant l'étape ultime et, souhaitons-le à tous, rarissime.

Nous décrirons, dans les prochains chapitres, chaque élément de ce processus, et proposerons un modèle de rencontre pour chacune des situations.

# 2. Gérer un rendement ou un comportement insatisfaisant

## La situation

Marcel diminue considérablement sa cadence habituelle de production. Claude augmente de 20 % son taux d'erreurs. Nathalie refuse de se soumettre aux règlements concernant le port de l'uniforme. François quitte de plus en plus hâtivement son poste de travail. Maude se montre impolie avec la clientèle. Suzanne arrive fréquemment en retard. Martine reçoit trop d'appels téléphoniques personnels...

... et votre rôle à vous est d'atteindre, avec l'aide de votre équipe, des standards de qualité et de quantité! Pour y arriver, les employés qui font équipe avec vous doivent adopter et maintenir un rendement et un comportement conformes aux normes et à la philosophie de l'entreprise. Or, un certain nombre d'entre eux ne répondent pas aux attentes formulées.

# Que faire?

## Agissez le plus rapidement possible

Ne laissez surtout pas traîner le problème.

## Préparez une rencontre avec l'employé en cause

### Bonne préparation = rencontre réussie

- Précisez les faits qui motivent votre intervention.

- Fixez l'objectif de la rencontre.

- Préparez le déroulement de la rencontre à l'aide du **Plan de rencontre** (page 26).

## Rencontrez l'employé

Le modèle que nous vous proposons est éprouvé. Il vous permettra de prendre une distance par rapport au problème et vous aidera à mener la rencontre sur un ton positif et respectueux, augmentant ainsi vos chances de succès. Abordez la rencontre avec un esprit ouvert, recherchez les sources du problème et les façons de le résoudre. Très souvent, en entreprise, les problèmes ont des causes multiples. Sollicitez l'aide de l'employé pour mieux les définir.

## Votre but est de régler un problème

Le problème et l'employé sont deux entités bien distinctes. En les traitant de façon distincte, il est plus facile de préserver l'estime de soi de l'employé tout en se montrant très déterminé à voir le problème résolu.

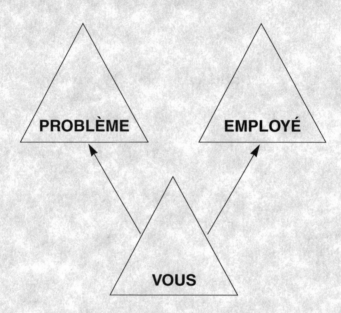

La démarche que nous vous proposons vous aidera à vous en tenir aux faits et ainsi à réaliser cette distinction. En cernant le problème sans blâmer l'employé, vous préservez son image et vous augmentez les chances de régler le problème.

## L'objectif visé est d'obtenir un engagement d'amélioration

L'employé doit s'engager à modifier son rendement ou son comportement de manière satisfaisante. Tout au long de la rencontre, il sera bon de garder ce but en mémoire. Bien sûr, vous veillerez à ce que l'objectif visé soit réaliste.

# Préparation de la rencontre

L'expérience de nombreux superviseurs efficaces et les résultats de nos propres recherches révèlent que pour réussir une rencontre de ce type, il faut la préparer. Le **Plan de rencontre** proposé ici s'est avéré très utile et est devenu un des outils les plus appréciés des superviseurs. Quand vous serez familier avec son utilisation, dix minutes à peine vous seront nécessaires pour le compléter.

## Comment utiliser le Plan de rencontre

**1** Nom de l'employé-e : _____

Nom du ou de la superviseur-e : _____

Date : _____

| | |
|---|---|
| **Situation à discuter** | |
| **2** **Renseignements de base**<br>• Faits connus<br>• Préoccupations / impacts<br>• Discussions précédentes de la situation (s'il y a lieu) | |
| **3** **Rendement et caractéristiques personnelles** | |
| **4** **Autres renseignements pour préserver l'estime de soi** | |
| **5** **Objectifs**<br>a) Objectif ultime<br>b) À la fin de la rencontre, quel résultat désirez-vous avoir atteint? | |
| **6** **Résolution du problème**<br>• Mesures / solutions possibles<br>• Mesures à prévoir si la situation ne change pas (s'il y a lieu)<br>• Date de suivi à proposer | |

**1** Identification des intervenants pour références futures

**Section la plus importante de la préparation :**

**2** Spécifiez d'abord les FAITS connus de la façon la plus objective possible.

Ex. : au cours des deux dernières semaines, ton taux d'erreur s'est accru de 20 %.

Puis, précisez vos préoccupations.

Ex. : les manutentionnaires se plaignent, les gars du soir doivent tout démêler, l'esprit d'équipe s'en ressent.

**3** Déterminez les caractéristiques marquantes de l'employé.

Ex. : rendement général satisfaisant, collabore bien, boute-en-train.

**4** Si la rubrique précédente n'en contient pas déjà, il est important de spécifier des informations pour préserver l'estime de soi. Parfois, il faut creuser, mais ça vaut l'effort. Ex. : depuis deux ans il se porte volontaire pour organiser la collecte de sang à l'usine.

**5** Un bateau sans gouvernail n'arrivera jamais à destination. L'objectif constitue votre gouvernail. Pour être plus efficace, il est bon de distinguer l'objectif utlime (ex. : éliminer les erreurs) et l'objectif que vous voulez atteindre dès la fin de la rencontre (ex. : avoir obtenu l'engagement de l'employé à mettre en action les solutions trouvées).

**6** Bien qu'il soit nécessaire de faire participer l'employé à la résolution du problème, il est utile d'arrêter quelques idées de solutions que vous pourrez suggérer pour alimenter ou enrichir la discussion.

De même, si vous préparez une rencontre de suivi (voir 3e partie) ou si vous vous apprêtez à prendre des mesures disciplinaires, il est important de spécifier les mesures précises que vous prendrez si la situation ne s'améliore pas. Enfin, dans tous les cas, vous devez prévoir une date de suivi à la rencontre, date que vous proposerez à l'employé.

| **1** | NOTES | | |
|---|---|---|---|

| PLAN D'ACTION | | |
|---|---|---|
| *Action* | *Responsable* | *Échéance* |
| | | |
| | | |
| | | |
| | | |

**2** SUIVI

Date :        Heure :

**3** COMMENTAIRES

• **Résultats atteints :**

• **Ce que j'ai bien fait :**

• **Ce que je vais améliorer :**

**1** Au verso de la fiche, consignez les «notes« essentielles de la rencontre. Notez les éléments majeurs du plan d'action, en spécifiant qui est responsable de quelle-s action-s et quel est l'échéancier.

**2** Inscrivez quelques notes concernant la rencontre de suivi que vous convenez d'avoir avec l'employé en précisant l'objectif du suivi et la date et l'heure convenues.

**3** Si vous désirez poursuivre une démarche d'amélioration du processus, vous pouvez compléter brièvement les trois points mentionnés.

Une rencontre réussie comporte des étapes précises que nous décrivons dans les pages suivantes. Les fiches jointes à ce guide vous rappellent ces étapes pour chaque situation. En ce qui concerne les problèmes de rendement et de comportement, voici les étapes de la rencontre.

## ÉTAPES DE LA RENCONTRE

**1** Entrer en contact positif.

**2** Décrire le problème spécifique de rendement ou de comportement.

**3** Expliquer vos préoccupations.

**4** Demander ouvertement l'aide de l'employé pour déterminer les sources du problème.

**5** Souligner l'importance de redresser la situation et rechercher avec l'employé les solutions possibles.

**6** Préciser les actions à prendre de part et d'autre.

**7** Fixer une date de rencontre d'évaluation des résultats et exprimer votre confiance.

# Gérer un rendement ou un comportement insatisfaisant

| ÉTAPES DE LA RENCONTRE | COMMENTAIRES |
|---|---|
| 1. **Entrer en contact positif.** | • Montrez-vous désireux d'entrer en contact.<br><br>• Soyez sincère pour préserver l'estime de soi.<br><br>• Restez concis, ne prolongez pas indûment cette étape. |
| 2. **Décrire le problème spécifique de rendement ou de comportement.** | • Concentrez-vous sur le problème.<br><br>• Décrivez les faits connus, tels qu'observés. Rien ne sert de blâmer.<br><br>• Les questions de comportement sont souvent plus délicates à aborder. Dans de tels cas, faites l'effort de vous concentrer à bien définir par des faits observables les éléments du comportement à corriger. |

« On dit que lorsque vous payez le café, c'est mauvais signe. Moi, je suis pas parlable le matin, je vous avertis... »

« Depuis deux semaines, les rapports de l'équipe de l'inventaire indiquent que 20 % des caisses que vous aviez à placer sont mal replacées dans l'entrepôt. Pourtant, jusqu'ici, vous avez toujours été un de nos bons employés. Vous avez toujours fait votre travail parfaitement... »

CONTEXTE DE L'EXEMPLE : Cette rencontre met en interaction une superviseure dans un centre de distribution d'une entreprise de commerce de détail et un opérateur de chariot élévateur qui présente un taux d'erreur anormalement élevé depuis deux semaines.

| ÉTAPES DE LA RENCONTRE | COMMENTAIRES |
|---|---|
| **3. Expliquer vos préoccupations.** | • Préservez l'estime de soi de l'employé en lui fournissant des données factuelles qui vont l'aider à comprendre les effets du problème sur le reste de l'équipe et sur votre propre travail.<br><br>• Expliquez l'environnement du problème à l'employé : ces informations lui procurent ou lui rappellent ce qui lui échappe souvent, mais l'aident à se mobiliser pour résoudre le problème. |
| **4. Demander ouvertement l'aide de l'employé pour déterminer les sources du problème.** | • Posez des questions ouvertes sur les causes du problème ou sur les raisons qui ont pu l'entraîner.<br><br>• Écoutez avec compréhension.<br><br>• Cherchez avec lui les causes fondamentales du problème.<br><br>• Ne portez pas de jugement de valeur sur les réponses que vous fournit l'employé.<br><br>• Avant de rechercher des solutions, cernez bien la nature du problème et demandez la version de l'employé. Son engagement à mettre en action la solution est souvent fonction du fait que l'employé a participé à la définition du problème. Ainsi, votre problème devient aussi le sien. |

« Votre travail est important, Jacques! Si les caisses sont mal placées, les employés de la manutention se plaignent. Ensuite les gars de soir doivent démêler la marchandise. En plus, ça nuit au moral de tout le monde. Ça crée des frictions. »

« S'il y a un problème, c'est pas à moi de le régler! »

« Au contraire. C'est vous qui savez ce qui se passe. Vous connaissez votre ouvrage. Qu'est-ce que vous avez modifié depuis deux semaines? »

| ÉTAPES DE LA RENCONTRE | COMMENTAIRES |
|---|---|
| 5. **Souligner l'importance de redresser la situation et rechercher avec l'employé les solutions possibles.** | • Tout en vous montrant compréhensif quant aux explications données par l'employé, exprimez clairement et fermement que la situation doit être corrigée.<br><br>• Sollicitez les suggestions de solutions et notez-les.<br><br>• Proposez des solutions.<br><br>• Vous pouvez enrichir une solution proposée par l'employé pour assurer sa mise en œuvre, mais faites en sorte qu'il reconnaisse clairement son apport, qu'il se sente un «propriétaire majoritaire» de la solution. |
| 6. **Préciser les actions à prendre de part et d'autre.** | • Faites ressortir les points clés du plan d'action.<br><br>• Exprimez comment vous soutiendrez les efforts de l'employé, tout en faisant clairement ressortir sa responsabilité.<br><br>• Obtenez l'engagement explicite de l'employé à réaliser le plan d'action. |

« Je comprends votre inquiétude mais voyez-vous une solution, Jacques? Il faut absolument que la situation se rétablisse, il y a trop d'erreurs. »

« Bon, si on résume, je vais donc m'orga-niser avec le service du personnel, en ce qui concerne votre congé... De votre côté... »

# Gérer un rendement ou un comportement insatisfaisant

| ÉTAPES DE LA RENCONTRE | COMMENTAIRES |
|---|---|
| 7. **Fixer une date de rencontre d'évaluation des résultats et exprimer votre confiance.** | • Fixez une date et une heure précises. L'employé comprend mieux votre détermination quand vous fixez un suivi et l'inscrivez dans son agenda.<br><br>• Enfin, terminez la rencontre sur une note positive en exprimant votre confiance : vous préservez l'estime de soi de l'employé et le motivez à s'attaquer résolument au problème. |

# Gérer un rendement ou un comportement insatisfaisant : un exemple

# Exercez votre savoir-faire

Vous vous interrogez sur vos capacités à réussir une rencontre comme celle que nous venons de décrire. Un essai vous rendrait plus confortable. Voilà une bonne idée! Un ami, une collègue, votre propre superviseur peuvent jouer le rôle de l'employé. À l'aide du **Plan de rencontre**, préparez votre rencontre. Pourquoi ne pas vous enregistrer sur vidéo ou sur bande-audio pendant cette rencontre simulée. Demandez ensuite de la rétroaction de la part de votre «employé du moment» et évaluez-vous à l'aide de la grille suivante.

| | OUI | NON |
|---|---|---|
| 1. Vous êtes-vous exprimé avec sincérité? | | |
| 2. Vous êtes-vous exprimé de façon concise? | | |
| 3. Avez-vous exposé le problème en vous basant sur des faits? | | |
| 4. Vous êtes-vous concentré sur le problème à résoudre et non sur les caractéristiques de la personne? | | |
| 5. Avez-vous indiqué à l'employé les effets du problème sur l'équipe? | | |
| 6. Avez-vous indiqué à l'employé les effets du problème sur votre propre travail? | | |
| 7. Avez-vous posé des questions ouvertes sur les causes du problème? | | |
| 8. Vous êtes-vous abstenu de porter des jugements de valeur sur les causes du problème? | | |
| 9. Avez-vous démontré une écoute compréhensive face aux raisons invoquées par l'employé? | | |
| 10. Avez-vous exprimé clairement vos attentes concernant le rendement ou le comportement en cause? | | |

| | OUI | NON |
|---|---|---|
| 11. Avez-vous demandé des suggestions à l'employé afin de solutionner le problème? | | |
| 12. Avez-vous retenu certaines suggestions de l'employé? | | |
| 13. Avez-vous obtenu l'engagement de l'employé dans la mise en œuvre de la solution? | | |
| 14. Avez-vous résumé, en fin d'entretien, le plan d'action retenu? | | |
| 15. Avez-vous convenu d'une date et d'une heure précises pour assurer le suivi de la rencontre? | | |
| 16. Avez-vous exprimé votre confiance en l'employé à la fin de la rencontre? | | |

## Votre performance EN RÉSUMÉ

Vos points forts : _____
_____
_____
_____
_____
_____

Vos points à améliorer : _____
_____
_____
_____
_____
_____

# 3. Manifester de la reconnaissance

*«La reconnaissance est bien un devoir qu'il faut rendre,*
*mais non pas un droit qu'on puisse exiger.»*

*Jean-Jacques Rousseau*

## La situation

Lisette est toujours avenante avec la clientèle. Lors d'un bris mécanique important, Serge intervient avec intelligence et efficacité. Anne présentait un taux d'absentéisme trop élevé et elle a corrigé la situation juste avant que vous ne la convoquiez à une rencontre. Réal donne constamment un rendement au-dessus de la moyenne. Après deux rencontres, Danielle corrige son problème de retard. À la suite d'une rencontre de suivi concernant ses appels téléphoniques personnels trop fréquents, Madeleine élimine le problème. Jocelyne, par sa gentillesse et sa disponibilité, contribue à soutenir et à améliorer le rendement de l'équipe en période de stress. Fernand améliore sa cadence de production.

# Que faire?

Êtes-vous de ceux ou celles qui croient que, lorsque les choses vont bien, le gestionnaire n'a plus rien à faire?

Des études ont démontré que les employés croient, en général, qu'ils sont peu reconnus lorsqu'ils font un bon travail. Les superviseurs oublient très souvent de prendre le temps de les féliciter lorsqu'ils donnent satisfaction. Or, prendre le temps de **reconnaître** la qualité du rendement ou du comportement est un **renforcement positif qui incite l'employé à maintenir sa bonne performance.**

Les employés qui donnent satisfaction s'attendent à ce que leurs efforts soient reconnus. Lorsque le superviseur néglige de le reconnaître, l'employé peut considérer son travail comme étant sans valeur aux yeux de leur supérieur. Il risque alors de se laisser aller à offrir une moins bonne performance. Reconnaître, c'est contribuer à soutenir l'employé dans ses efforts. C'est aussi l'inciter à les poursuivre!

Que ce soit après une ou quelques rencontres où vous aviez à discuter d'un problème précis ou que ce soit pour souligner une contribution spontanée et significative de l'employé, jouez gagnant! Donnez de la reconnaissance. Rencontrez l'employé pour lui communiquer votre satisfaction. Il en retirera une grande fierté. Par effet d'entraînement, son comportement positif se répercutera sur les autres membres de l'équipe et le rendement de celle-ci s'en trouvera accru. De plus, vous vous sentirez valorisé par une telle rencontre et vous réaliserez qu'il est agréable de jouer votre rôle en pareilles circonstances, puisque vous générerez de l'énergie positive.

Dans notre culture occidentale, toute notre éducation nous a conditionnés à définir les problèmes et à nous faire dire nos «travers». Pourtant, plusieurs courants contemporains nous apprennent que manifester de la reconnaissance, souligner l'aspect positif des choses, peuvent être une forme très puissante de mobilisation. La gêne ressentie au cours des premières rencontres de ce genre disparaîtra avec l'exercice. Souvenez-vous que manifester de la reconnaissance constitue un des leviers les plus puissants pour accroître l'estime de soi de l'employé.

# Rappelez-vous que...

- Le renforcement sera d'autant plus efficace que la reconnaissance sera rapprochée, dans le temps, de l'amélioration ou de la performance de l'employé.

- Une vraie reconnaissance porte sur un sujet précis, un comportement spécifique. Des éloges confuses ou générales n'apportent pas véritablement de renforcements.

- Vos éloges et vos félicitations doivent être proportionnelles à l'excellence du travail que vous voulez souligner. Il est de la plus haute importance que vous soyez **sincère.**

- Quand vous manifestez de la reconnaissance, évitez de faire une demande à l'employé en même temps. Des félicitations qui accompagnent une demande peuvent être perçues comme de la manipulation.

- Vous pouvez manifester de la reconnaissance à un employé sans qu'il y ait besoin de le rencontrer pour lui souligner un problème. Il peut s'agir de souligner sa contribution très positive à l'exécution d'une tâche importante qui a permis de respecter l'échéancier ou d'épargner des coûts importants.

# Préparation de la rencontre

- Rassemblez les **faits** que vous voulez souligner pour illustrer l'amélioration constatée.

- Prenez le temps de bien déterminer les impacts positifs de l'amélioration ou du comportement significatif sur son rendement, sur celui de l'équipe et sur votre propre travail.

- Préparez votre **Plan de rencontre.**

# Manifester de la reconnaissance

| ÉTAPES DE LA RENCONTRE | COMMENTAIRES |
|---|---|
| 1. **Entrer en contact positif.** | • Soyez sincère. |
| 2. **Reconnaître et décrire l'amélioration constatée.** | • Soyez précis et sincère.<br>• N'insistez pas sur les problèmes passés. |
| 3. **Décrire l'impact sur l'équipe et sur votre travail.** | • Soyez précis sur les effets positifs de l'amélioration sur le reste de l'équipe et même sur votre propre travail. Cette description est importante pour faire réaliser comment les efforts consentis par l'employé ont un impact réel. Vous accroîtrez ainsi l'estime de soi de l'employé. |
| 4. **Écouter les commentaires de l'employé et faire preuve de compréhension.** | • N'interrompez pas l'employé.<br>• Écoutez de façon compréhensive. Laissez l'employé quelques instants savourez son mérite en lui laissant vous raconter comment il s'y est pris.<br>• Si vous constatez que votre employé est quelque peu intimidé par vos félicitations et qu'il ne s'exprime pas spontanément, posez-lui une question simple sur la façon dont il s'y est pris. |

« Je tenais à vous dire que je suis bien contente : tout est rentré dans l'ordre depuis que vous avez pris vos trois jours... Les assembleurs sont de bonne humeur, sans parler des gars de soir qui n'ont plus besoin de tout démêler... »

CONTEXTE DE L'EXEMPLE : Cette rencontre met en interaction une superviseure dans un centre de distribution d'une entreprise de commerce de détail et un opérateur de chariot élévateur qui présente un taux d'erreur anormalement élevé depuis deux semaines.

« Et puis, est-ce que votre petit gars va mieux depuis sa crise d'asthme? »

« Ben, justement : j'ai un petit chat à donner! »

# Manifester de la reconnaissance

| ÉTAPES DE LA RENCONTRE | COMMENTAIRES |
|---|---|
| **5. Demander s'il est possible de faciliter le travail.** (selon le cas) | • Offrez votre aide pour faciliter le travail de l'employé.<br><br>• C'est à vous de juger s'il est approprié d'offrir votre aide. |
| **6. Indiquer les mesures qui seront prises.** (selon le cas) | • Si la demande de l'employé est simple, dites franchement et directement ce que vous entendez faire.<br><br>• Si la demande est plus complexe, évitez de risquer de détourner l'orientation de la discussion sur une situation-problème. Par contre, vous pouvez demander des suggestions à l'employé et fixez un moment où vous le rencontrerez de nouveau à ce sujet avec de nouvelles informations. |
| **7. Féliciter pour l'amélioration apportée.** | • Soyez précis et sincère, ainsi, vous augmenterez réellement l'estime de soi de l'employé.<br><br>• Il est important en terminant la rencontre de réitérer vos félicitations et votre RECONNAISSANCE. |

« Oui, c'est pour vérifier si les clignotants du camion de Jacques ont été vérifiés... Il est ici avec moi et il dit qu'ils ne fonctionnent pas mieux. »

« Je tiens encore à vous féliciter Jacques. Vous étiez dans une situation difficile, et puis on est arrivés à trouver une solution acceptable pour vous, et pour tout le monde ici. Franchement, on s'en est pas mal tirés. »

# Faites le point

Au terme d'une rencontre de **reconnaissance**, vous éprouvez sûrement un sentiment agréable, celui d'avoir rempli une partie importante de votre rôle. Ce type de rencontre est un outil générateur d'énergie positive qui entraîne des effets visibles sur l'employé, certes, mais aussi sur le reste de l'équipe. Enfin, ce type de rencontre générera sur vous-même – est-ce possible enfin – un stress stimulant, ce que Hans Selye* définit comme l'*eustress*, qui vient combattre le stress négatif que créent plusieurs situations courantes de votre fonction.

Vous voulez vous évaluer après cette intervention? Répondez aux cinq questions suivantes.

|  | OUI | NON |
|---|---|---|
| 1. Ai-je décrit de façon **spécifique** le comportement amélioré ou le comportement très efficace de l'employé? | | |
| 2. Ai-je pris soin de lui décrire les effets bénéfiques de cette contribution sur les autres membres de l'équipe et même sur mon propre travail? | | |
| 3. Ai-je pris le temps de le féliciter et de lui exprimer de façon concise et sincère ma reconnaissance? | | |
| 4. Lui ai-je permis de savourer sa performance? | | |
| 5. Est-ce que je me sens moi-même fier de mon geste? | | |

**Quelle reconnaissance puis-je me donner suite à cette rencontre?**

_____

_____

_____

_____

* Spécialiste mondialement reconnu pour ses recherches sur le stress.

# 4. Recadrer le problème avec fermeté

## La situation

Robert omet de porter ses lunettes de sécurité à l'atelier... Johanne, préposée à la cuisine dans un centre hospitalier, ramasse une pomme qui a roulé sur le plancher et la remet sur un plateau destiné à un malade, sans la laver ni l'essuyer. Luc omet de mettre le cran de sécurité et s'apprête à effectuer la réparation d'une fixation sous les lames acérées d'une guillotine (machine qui coupe le papier) dans le service de reliure d'une imprimerie. Même après quelques rencontres, dont une plus formelle la semaine dernière, les rapports de production montrent que Raymond fait toujours fonctionner son appareil 25 % en deça du rythme standard. Après deux rencontres au sujet de ses retards, Céline se présente en retard à deux reprises dans la même semaine... Ginette ne respecte pas l'engagement qu'elle avait pris lors d'une rencontre antérieure de se montrer polie avec la clientèle... À la suite de deux rencontres sur la question, Richard quitte une nouvelle fois son poste de travail avant l'heure... Judith effectue ses appels téléphoniques personnels et interurbains aux frais de la compagnie, malgré une rencontre antérieure sur le sujet... À nouveau, Sophie se montre détestable envers une de ses collègues...

# Que faire?

Pour la plupart des problèmes de rendement et de comportement, le type de rencontre que nous décrivons, dans le présent chapitre, constitue une deuxième étape. L'employé, malgré une ou plusieurs rencontres ne corrige pas une situation ou un comportement problématiques sous son contrôle. Dans ce cas, le superviseur doit procéder à une rencontre de suivi plus ferme, laquelle s'inscrit dans cette deuxième étape.

Toutefois, certains gestes graves exigent qu'un superviseur donne un «avis ferme» à un employé, même s'il n'y a pas eu, au préalable, de rencontre telle que celle que nous décrivons au chapitre 2.

En quoi consiste un tel type de rencontre? D'abord à souligner à l'employé que la situation doit changer. Ensuite, à l'informer des conséquences de son rendement ou de son comportement s'il n'y apporte aucun changement. Cette étape précède donc celle des mesures disciplinaires ou administratives. L'employé doit savoir à quel point le problème vous préoccupe, et cette rencontre lui offre une dernière chance de le prendre en main. Dans le cas contraire, l'employé fera l'objet de mesures formelles.

Une rencontre de suivi, si elle est bien menée, vous permettra de signifier la gravité de la situation, sans pour autant dénigrer votre employé. Étant donné que cette deuxième étape est plus exigeante que la première, on n'insistera jamais assez sur la nécessité de bien la préparer. En utilisant le **Plan de rencontre** (page 26) vous pourrez faire preuve de fermeté tout en conservant un ton et une attitude justes. Bien menée, une rencontre de suivi se déroule sur un ton positif et se termine sur la volonté partagée de corriger une situation insatisfaisante.

# Rappelez-vous que ...

Il ne s'agit pas de proférer des menaces ou de faire peur à l'employé mais plutôt de clarifier une situation. Vous avisez l'employé des mesures administratives ou disciplinaires **que vous avez vraiment l'intention de prendre** si rien ne devait changer.

L'employé doit savoir que s'il corrigeait la situation, aucune mesure disciplinaire ne serait prise contre lui.

Au terme de cette rencontre, l'employé doit se rendre compte qu'il a du pouvoir sur la suite des événements.

Et puis... la nécessité de distinguer le problème de l'employé est ici encore très pertinente... encore plus peut-être.

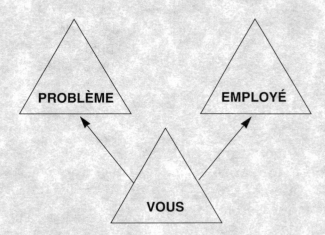

# Préparation de la rencontre

- Rassemblez les **faits** qui vous amènent à cette intervention.
- Pensez aux mesures envisagées : celles-ci doivent être appropriées et équitables. N'hésitez pas à consulter votre supérieur immédiat ou une personne-ressource du service du personnel.
- Cherchez des moyens de faire participer votre employé à la recherche de solutions au problème. Suscitez la collaboration de l'employé, cela est bien plus profitable qu'une attitude accusatrice.
- Utilisez le **Plan de rencontre;** c'est un gage de succès!

# Recadrer le problème avec fermeté

| ÉTAPES DE LA RENCONTRE | COMMENTAIRES |
|---|---|
| **1. Entrer en contact positif.** | • Soyez sincère en vous référant à un comportement spécifique.<br><br>• Soyez concis. |
| **2. Passer en revue les discussions antérieures.** | • Soyez précis, concis.<br><br>• En demeurant factuel sur les données de la date de la dernière rencontre et le rappel de son engagement, vous préservez son estime de soi. |
| **3. Souligner l'insuffisance de l'amélioration et en demander les raisons.** | • Concentrez-vous sur les faits pour décrire le manque d'amélioration.<br><br>• Cherchez déjà à cultiver l'engagement de l'employée en lui en demandant les raisons. Même si vous croyez les connaître, il est important de permettre à l'employée de s'exprimer; il peut y avoir des faits nouveaux.<br><br>• Ne portez pas de jugement de valeur sur les raisons invoquées. Écoutez de façon compréhensive. |

« Bonjour Janine. Il me semble que ça fait long-temps qu'on s'est vus. Je suis content des tests que vous avez faits. Grâce à vous tout a bien marché. »

« Malgré l'entente que nous avions prise, j'ai eu plusieurs autres plaintes... Si tous les usagers se plaignent, vous ne pensez pas qu'il y a un problème? »

CONTEXTE DE L'EXEMPLE : dans cette rencontre, un chef de service informatique procède à une rencontre de suivi avec une analyste de système qui présente des pro-blèmes de comportement avec les usagers.

# Recadrer le problème avec fermeté

| ÉTAPES DE LA RENCONTRE | COMMENTAIRES |
|---|---|
| **4. Chercher et noter les solutions possibles.** | • Demandez des suggestions à l'employée.<br><br>• Notez les suggestions de l'employée.<br><br>• Proposez des solutions.<br><br>• N'hésitez pas à donner votre appui si elle propose une solution intéressante. |
| **5. Souligner les mesures qui seront prises si la situation persiste.** | • Soyez clair et ferme! L'employée doit être informée des mesures sans détour, mais sans qu'elle sente ces précisions comme des menaces.<br><br>• Évitez le ton menaçant.<br><br>• En restant factuel sur les mesures envisagées, vous préservez l'estime de soi.<br><br>• À cette étape, il est possible que l'employée réagisse avec agressivité ou émotivité, montrez-vous à l'écoute et compréhensif à l'égard de ses réactions, en lui rappelant que c'est elle qui détient le contrôle de la suite des événements. |

« Et puis il s'attend toujours à ce que je fasse des miracles! »

« Écoutez, j'aime autant que la situation soit claire entre nous; si je reçois **une** seule autre plainte dans les mois à venir, je serai obligé de reporter de trois mois votre réévaluation et l'augmentation salariale qui l'accompagne. »

| ÉTAPES DE LA RENCONTRE | COMMENTAIRES |
|---|---|
| 6. **S'entendre sur les correctifs et fixer une date de rencontre d'évaluation des résultats.** | • Avec la collaboration de votre employée, établissez un plan d'action concret pour résoudre le problème.<br><br>• Retenez les suggestions de l'employée dans ce plan d'action.<br><br>• Obtenez son engagement à se conformer à ce plan d'action. N'oubliez pas de souligner comment vous pouvez lui donner du soutien.<br><br>• Fixez une date de suivi et inscrivez-la dans votre agenda, en accord avec l'employée. |
| 7. **Exprimer votre confiance.** | • Au terme d'une rencontre de suivi, l'employée doit avoir compris qu'elle contrôle elle-même la situation et qu'elle a le pouvoir de la modifier! Vous devez exprimer votre confiance en ses capacités à corriger ce qui ne va pas. |

# Évaluez-vous

Après avoir exercé votre savoir-faire en situation réelle ou simulée, répondez au test suivant.

| | OUI | NON |
|---|---|---|
| 1. Avez-vous été sincère? | | |
| 2. Avez-vous rapporté les faits (dates et engagements) de façon précise? | | |
| 3. Avez-vous été concis? | | |
| 4. Avez-vous posé des questions ouvertes* sur les raisons du manque d'amélioration? | | |
| 5. Avez-vous écouté de façon compréhensive les explications de l'employé sans poser de jugement de valeur? | | |
| 6. Avez-vous demandé des suggestions à l'employé? | | |
| 7. Avez-vous pris note des suggestions de l'employé pour régler le problème? | | |
| 8. Avez-vous décrit clairement les mesures précises de nature disciplinaire ou administrative qui devront être prises si la situation persiste? | | |
| 9. Avez-vous parlé d'un ton ferme sans adopter un style menaçant? | | |
| 10. Avez-vous écouté de façon compréhensive les réactions de l'employé? | | |
| 11. Avez-vous retenu les suggestions de l'employé dans le plan d'action? | | |
| 12. Avez-vous obtenu de l'employé son engagement à appliquer les solutions retenues? | | |
| 13. Avez-vous offert votre soutien dans la réalisation du plan d'action? | | |
| 14. Avez-vous proposé une date précise de rencontre de suivi? | | |
| 15. Avez-vous exprimé, de façon sincère et concise, votre confiance dans les capacités de l'employé à résoudre le problème? | | |

* Des questions ouvertes sont celles qui permettent à votre interlocuteur ou interlocutrice de développer sa réponse.

# 5. Prendre des mesures administratives ou disciplinaires

## La situation

Il arrive parfois qu'en dépit des rencontres visant à corriger un problème de rendement ou de comportement et des rencontres de «recadrage», certains employés maintiennent un comportement ou un rendement nuisible à leur équipe ou à l'organisation.

Le mauvais fonctionnement d'un employé perturbe parfois toute l'équipe. Les autres membres de l'équipe doivent alors redoubler d'efforts pour atteindre les objectifs. En outre, les membres d'une équipe s'attendent à ce que chacun respecte les mêmes procédures et le superviseur est responsable du maintien d'un climat d'équité et d'harmonie au sein de l'équipe.

## Que faire?

Dans les cas de manquements répétés au respect des ententes de supervision et des procédures de l'entreprise, des mesures justes et appropriées doivent être communiquées à l'employé en suivant un processus progressif. Les mesures imposées seront plus lourdes, selon que la situation se perpétue ou s'aggrave. En cas d'infractions graves (vols, règles de sécurité enfreintes, etc.), des mesures disciplinaires doivent être imposées sur-le-champ.

L'approche positive décrite ici consiste certes à prendre des mesures administratives ou disciplinaires, mais simultanément, à accorder votre soutien à l'employé, à coopérer avec lui et à lui manifester votre confiance. Elle vise à corriger un problème et non à démolir un individu. Dans plusieurs situations, vous aurez avantage à recourir à des mesures administratives, les mesures disciplinaires n'étant prises qu'en dernier recours. Réalisées dans un objectif de punition et d'exclusion, ces mesures n'auront souvent comme conséquence que d'aggraver le problème. Elles doivent être prises dans le but de résoudre le problème.

N.B. En France, une prescription prévue par la loi prévoit que le patron doit attendre 48 heures après l'infraction avant de remettre la mesure disciplinaire. Dans les cas graves, le patron suspendra l'employé pour fins d'enquête (avec solde) pour l'exclure du lieu de travail pendant ce délai.

# Rappelez-vous que...

- Votre objectif est de rétablir l'harmonie et l'équilibre par le respect des normes et l'élimination des mauvaises habitudes de travail.

- Vous devez être ferme c'est-à-dire ne pas laisser planer de doute quant aux conséquences éventuelles d'une récidive et assumer pleinement les mesures que vous imposez sans vous cacher derrière les règles de l'entreprise.

- Vous devez être juste, c'est-à-dire appliquer les mêmes règles et les mêmes sanctions à tous les employés, selon la gravité du problème. Vous devez également choisir des mesures ni trop sévères ni trop indulgentes pour une infraction donnée.

- Dans quelques cas précis, des mesures administratives peuvent avoir, chez certains employés, un impact persuasif aussi efficace que des mesures disciplinaires. Par exemple, des coupures de temps, le report d'une révision salariale, la signature d'un registre de présence à l'arrivée et à la sortie, l'élimination de certaines responsabilités gratifiantes, une démotion, etc., peuvent s'avérer appropriés. Des lettres d'entente spécifiant l'engagement de l'employé à mettre en application un plan d'action précis peut être très efficace pour sensibiliser l'employé au caractère formel et au sérieux de la situation.

- Bien qu'en matière de mesures disciplinaires, chaque entreprise, chaque type de gestion, adapte ses propres règles, de façon générale, la progression des mesures disciplinaires suit la séquence suivante : avis écrit, suspension de courte durée, suspension de moyenne durée et congédiement. Dans un contexte syndical, généralement, la procédure disciplinaire est définie dans la convention collective, donc sujette à être soumise à l'arbitrage. Le superviseur doit, dans pareil contexte, s'assurer de respecter la procédure établie. Quant à la présence du délégué lors de la rencontre, elle peut être très positive à condition que vous preniez soin de le rencontrer au préalable pour l'informer du cas particulier et pour solliciter sa collaboration pour le bien de l'employé comme pour celui de toute l'équipe.

# Préparation de la rencontre

- Pour vous assurer d'axer l'échange sur la résolution du problème, et non sur l'employé, il importe que vous disposiez de tous les renseignements pertinents. Révisez, pour cela, les dossiers de l'employé, les notes des rencontres antérieures et disposez de toute l'information requise. Complétez une fiche **Plan de rencontre.**

- Au besoin, consultez votre supérieur ou les conseillers en ressources humaines de votre entreprise. Leur expertise, leur expérience et leur soutien peuvent vous aider.

- Il est prudent de prévoir des réactions hostiles de la part de l'employé. Personne n'aime faire l'objet d'une mesure disciplinaire. Préparez-vous à rester calme devant de telles réactions, à les recevoir de façon compréhensive.

- Comme il est très important de garder une trace écrite de cette mesure, rédigez votre avis confirmant la nature du manquement, la nature de la mesure, la date de son application et la mesure subséquente en cas de récidive.

# Prendre des mesures administratives ou disciplinaires

| ÉTAPES DE LA RENCONTRE | COMMENTAIRES |
|---|---|
| **1. Entrer en contact positif.** | • Soyez cordial et sincère.<br><br>• Soyez concis, l'employé est conscient que quelque chose ne fonctionne pas. |
| **2. Décrire la situation et rappeler les rencontres antérieures.** | • Soyez précis en vous référant aux nouveaux faits qui relatent le manquement répété.<br><br>• Rappelez succinctement les dates des rencontres antérieures et les engagements de l'employé, en étant précis et factuel.<br><br>• S'il s'agit d'une première discussion, expliquez la gravité de la situation, en rappelant l'entente ou la règle qui a été enfreinte. |
| **3. Demander à l'employé de s'expliquer.** | • Posez des questions ouvertes. |

# Prendre des mesures administratives ou disciplinaires

| ÉTAPES DE LA RENCONTRE | COMMENTAIRES |
|---|---|
| **4. Écouter et démontrer votre compréhension.** | • Écoutez attentivement.<br>• Nommez les sentiments de l'employé. Ne portez pas de jugement de valeur sur les raisons.<br>• Résumez les raisons. |
| **5. Décrire la mesure précise que vous devez prendre et en expliquer les raisons.** | • Il est rare qu'un employé reçoive des mesures disciplinaires avec le sourire. Il peut manifester de l'hostilité et exprimer sa frustration. Restez calme. Écoutez et démontrez votre compréhension face à ce que l'employé ressent.<br>• Ne soyez pas menaçant. Expliquez-lui clairement les raisons qui justifient les mesures disciplinaires que vous lui imposez.<br>• La discipline doit être perçue dans son aspect positif. Vous insistez strictement sur la résolution du problème, sans évoquer l'aspect punitif de la mesure disciplinaire. |
| **6. Convenir d'une action spécifique et fixer une date de rencontre d'évaluation des résultats.** | • Demandez à l'employé de vous faire part de ses suggestions.<br>• Retenez ses suggestions dans la mesure du possible.<br>• Obtenez son engagement face à l'application des solutions retenues. |
| **7. Exprimer votre confiance.** | • Manifestez votre confiance à l'employé et offrez-lui votre soutien. Il a besoin d'être rassuré. |

# Faites le point

Prendre des mesures coercitives de nature disciplinaire ou administrative n'est pas la partie la plus facile de la tâche d'un superviseur. Mais il s'agit d'une situation courante dans une organisation normale. La présence de comportement déviant peut être un indice de vitalité! Ce qu'il faut corriger, c'est la déviance néfaste pour l'employé, pour l'équipe de travail et parfois pour toute l'entreprise. Ce qu'il faut récupérer positivement, c'est l'énergie contenue dans cette déviance et la canaliser dans la direction centrale des efforts de l'équipe. Être patron, être patronne, c'est souvent, dans une large mesure, être un éducateur, une éducatrice, au quotidien. Pour maintenir une organisation en équilibre, un patron doit utiliser plusieurs stratégies. Prendre des mesures administratives ou disciplinaires de façon positive est la preuve d'un *leadership* ferme mais ouvert.

Avez-vous remis la mesure disciplinaire prévue? Avez-vous amené l'employé à s'engager résolument à mettre en application une solution appropriée pour corriger le problème une fois pour toutes? Avez-vous été capable de garder votre calme et de démontrer du respect à l'endroit de l'employé tout au long de la rencontre?

Si vous avez répondu *oui* à ces trois questions, vous avez tout lieu d'être fier de vous. Vous avez communiqué de façon respectueuse à l'employé que vous ne pouviez pas tolérer des comportements déviants répétés. Vous avez aidé l'employé à réaliser qu'il était un membre important de l'équipe et que c'était précisément pour cette raison que vous veniez de lui signifier que sa déviance avait franchi la limite acceptable pour la bonne marche du travail de toute l'équipe.

Félicitations encore une fois! Vous avez certes fait votre devoir, mais encore plus! Vous avez donné à l'employé une occasion très significative de se développer.

# 6. En guise de conclusion

Nous avons décrit quatre démarches de rencontre avec des employés pour gérer le rendement de votre équipe dans des situations journalières, là où un superviseur doit entretenir la flamme de la grande vision, souvent à petit feu... Bien d'autres situations risquent de vous mettre au défi!

## Quand l'initiative vient de l'employé

Les diverses démarches de rencontre que nous vous avons présentées relèvent toutes de l'initiative du superviseur. Mais comment se comporter lorsque c'est l'employé qui prend l'initiative? Dans la majorité de ces cas, l'employé formule une demande ou une plainte. La clé, en pareille situation, est d'écouter de façon compréhensive afin de bien comprendre le problème et de pouvoir questionner l'employé afin de l'aider à préciser son point de vue. L'autre élément clé en pareille situation est de miser sur l'engagement de l'employé dans l'action en l'associant à la recherche de solutions imaginatives et responsables.

## Quand vous êtes sur le point de sortir de vos gonds

La gestion des «personnes difficiles» représente une situation confrontante pour les superviseurs. Nous entendons par «personnes difficiles» celles qui ont le don de vous faire perdre votre contrôle et vos moyens. Il y aurait matière à écrire un guide complet sur cette seule thématique. En attendant, nous vous rappelons qu'en pareille situation votre plus grand adversaire n'est pas la «personne difficile» en face de vous, mais la perception que VOUS avez de cette «personne difficile». La règle numéro «un» pour gérer une «personne difficile», est de faire l'effort de **bien mesurer** les gestes et les comportements déviants de cette personne. Le défi consiste à reconnaître dans quelle mesure votre propre appareil de perception est déformant et grossissant. Pour cela, il vous faudra déterminer les réactions émotives que provoque cet employé lorsqu'il pose le geste déviant en question. Si vous éprouvez de la difficulté à faire cet effort, félicitez-vous pour avoir reconnu la difficulté. Puis, discutez-en avec un collègue qui n'est pas impliqué, comme vous, dans cette relation difficile et qui pourra vous donner un point de vue extérieur qui vous aidera à bien mesurer l'attitude de l'autre et vous réappropriez ce qui vous appartient dans cette relation conflictuelle.

## Quand vous travaillez dans une équipe semi-autonome

Une forme nouvelle d'organisation du travail, l'équipe semi-autonome de travail remplace les superviseurs par des coordonnateurs. Malgré la responsabilisation accrue de tous les membres de l'équipe, il peut y avoir, comme ailleurs, des écarts de rende-ment ou de comportement, négatifs ou positifs, à gérer. Si vous êtes coordonnateur d'une telle équipe et que vous constatez de tels écarts, les habiletés décrites dans le présent guide s'appliquent tout aussi bien. En effet, ces habiletés représentent partout de bonnes aptitudes de relations interpersonnelles. Il y a tout de même une exception en ce qui concerne les mesures disciplinaires. Si vous êtes coordonnateur d'une équipe semi-autonome, vous n'avez pas d'autorité ni de pouvoir hiérarchique sur les autres membres de l'équipe. Vous pouvez aller chercher de façon ponctuelle ce pouvoir auprès de toute l'équipe, pour gérer une situation bien particulière avec un des mem-bres, ou vous pouvez vous référer à une autorité supérieure à l'extérieur de l'équipe. Cependant, vous avez toute latitude pour mener les rencontres de première et de seconde instances.

## Quand vous supervisez des superviseurs

Si vous êtes superviseur de deuxième niveau, non seulement avez-vous intérêt à développer le plus possible les habiletés de base décrites dans ce guide, mais vous aurez aussi à développer des aptitudes à conseiller et à donner du renforcement. En effet, les personnes que vous supervisez, dans ce cas, s'attendent à ce que vous les aidiez à mettre en application les habiletés de base pour gérer le rendement de leurs employés. Elles apprécient avoir la possibilité de discuter avec vous des problèmes de rendement ou de comportement qu'elles rencontrent avec leurs employés afin de choisir la meilleure démarche à adopter. Les accompagner dans cette recherche de solutions est une référence directe à l'habileté à conseiller.

En outre, si vous observez qu'un de vos superviseurs démontre, face à l'un de ses employés, des habiletés à gérer le rendement au quotidien de façon efficace, il est fortement recommandé de le rencontrer pour le renforcer dans l'utilisation de cette habileté de base en lui manifestant de la reconnaissance.

## Enfin...

Le comportement stratégique le plus puissant à la disposition du superviseur pour soutenir la mobilisation de son équipe consiste à donner l'exemple. Cette stratégie est efficace à tout coup. Elle n'a qu'une exigence : donner l'exemple tout le temps.

Servir de modèle est aussi exigeant que de mettre en pratique les habiletés de supervision décrites dans cet ouvrage. Le fait que vous trouviez ces pratiques difficiles donne la vraie mesure de votre mérite. Votre persévérance est la preuve que vous vous épanouissez véritablement en tant que superviseur et en tant qu'être humain. Par con-séquent, vous aidez les gens que vous supervisez à devenir, à leur tour, des employés plus efficaces et des personnes plus riches.